DIE BESTÄNDIGKEIT DES LEBENS

VON GERD STEINKOENIG

MUSIK C P Gerd Steinkoenig 13. März 2024

Musik ist Leben

Musik ist Lebensfreude, Liebe, Gefühl, Kraft, Freude

Musik sind Inspirationen, Erinnerungen, Erfahrungen

Musik sind Momentums, Weltgemeinschaften

Musik ist Rock, Pop, Progrock, Hardrock, Metal

Musik ist Folk, Country, Jazz, Blues, Disco, Techno

Musik ist Hip Hop, Trip Hop, NDW, Punk, Wave

Musik ist Schlager, Volksmusik, Klassik, Oper

Musik ist Swing, Musical, Alternative Rock

Musik ist Krautrock, Electronic Rock, Chartpop

Musik braucht meine Seele

Musik braucht meine Stimmungen

Musik braucht meine Gesundheit

Musik mit Ruhe von 1970er-Genesis, 70er-Pink Floyd

Musik mit Abreagieren von AC/DC oder Metallica

Musik mit Favoriten von meinen Eltern, Großvater mit

Musik von Milva, Julia Iglesias, Freddy, Hans Moser

Musik mit 70er-Liebeskummer von mir mit

If You Leave Me Now, When I Need You

Musik mit meinen Lebenssongs ever zB mit

Blood On The Rooftops, Time, A Day In The Life

Harvest Moon, We're All Alone, Bahnhofskino

Musik waren mal meine Hits als Zeitgeist

Nun nicht mehr: More Than Words, To Be With You

Musik in meinem Leben hatte Zeitgeister und ist

Immer noch da: Sweet als Teenie, Jethro Tull hatte ich

3 x Konzertbesuche, Nr 1-Konzert ever: Tribute

Überhaupt Konzerte von mir mit 2 x Neil Young, U 2

Marillion, Vanden Plas, Stevie Wonder, BAP

Helen Schneider, Spliff, Blue Öyster Cult

Genesis, Peter Gabriel, Pink Floyd, Udo Lindenberg etc

Immer wieder Erlebnisse, Zeitoasen, Locations

Musik ist Leben

R.R. wsr der größte Genesis-Fan ever - auch meine Nr1

The Dark Side Of The Moon (Pink Floyd) entdeckt durch

Meine Handelsschule (Time-Text analysiert)

Musik ist Leben

1976 erstmals in 2 Discos: KL 2000, Old Vienna

Immer dabei: You Should Be Dancing

Neuentwicklungen wie 2024 mit neuer CD

Can "Live In Paris 1973"

Musik ist Leben, Seele, viele Genres-Wege zB

In meiner CD-Sammlung A Kind of Blue (1959) mit

Miles Davis / Jazz, Made In Japan (1972) mit Deep

Purple / Hardrock, Schlagersterne der 50er Jahre

(Sampler, 2 CD), Feen-Musik mit Kate Bush und und

VORBESTIMMUNGEN

C P Gerd Steinkoenig 13. März 2024 (II)

Es sollte so sein und ich freue mich

Gott sei Dank (wörtlich!)

Vorbestimmungen sind real

Vor meinem Schlaganfall September 2017

Hatte ich Monate vorher Begebenheiten

Mit Leichtsinn, Oberflächlichkeit im Hirn

1 x kurz sehr schlecht, hingesetzt, dann gings

Wieder vergessen

1 x Kreislaufhardcore, dann gings wieder

Wieder vergessen

1 x laufen zum Nachbarort und ich dachte

Ich fall um, irgendwie einsseitig geschwankt

Wieder vergessen

1 x wollte mein Leibarzt Blutuntersuchung

Mir wars zu faul, wääh schon um 8:30h hingehen

Es könnte sein, das mein damaliger Arzt

Bescheid gewusst hätte: Mensch, vom Blut her

Aber ich war blöd, "davor", mein erstes Leben

Und ich hatte meinen Schlaganfall

Vorbestimmungen sind real

Denn schon 2 1/4 Jahre vorher hatte ich den

Umzug von KL nach Annweiler am Trifels

Es sollte so sein

Für das Paradies Südliche Weinstraße

Annweiler, Landau, Albersweiler, super

Natur, Wälder, Berge, Reben, Idylle

Und ich hatte meine Rettung durch den Schlaganfall

Mit Annweiler und Landau und Klingenmünster

Mit Sicherheit, Hilfe, Emphatie mit

Betreuer:innen, Legendary Logo, Ergo, Ärzte, Mrs P...

Ich hab mein zweites Leben "danach" mit

Überzeugender Reinheit, Gelassenheit, Gesundheit

Durch Gott meine zweite Geburt

Prüfungen des Lebens mit positiven Energien

Positive Entwicklungen, Fortschritte, Lösungen

Vorbestimmungen sind real

Mit neuen Wegen des positiven Lebens

Damit Gott / Jesus / Abteilung Engel beobachten

Das ich nicht "HighwayTo Hell" fahre

Sondern das der große Manitu weiß

"War zwar scheiße von KL (ca 90er, 00er)

Aber Gerd hat's einigermaßen geschafft"

Auch das sind Ziele und Pläne

Mit 64 bin ich eben anders drauf als 30

Dadurch hatte ich Erinnerungens-Shots von Vater

Mutter, Kumpels, Frauen - mh, dies & das war shit

Aber ich hatte/habe/werde meinen guten Charakter

Nur durch die scheiß Umwelt von damals, meine Fehler

Es sollte so sein mit der Vorhersehung, Vorbestimmungen

Mit täglichen Hirnakrobatik, aber auch "schwarzer Tunnel"

Immer mit Demut, positive Energien, Zukunft

Licht im Tunnel mit reinem, zweiten Leben

Es gibt Unterschiede "davor" und "danach"

The Simpsons war davor meine Nr 1, danach sind

The Simpsons nur noch Note 6 - Schrott

Davor öfter Werbung durch Pro 7, RTL SAT 1, Kabel 1

Danach viel eher mit ZDF, ONE, Das Erste, ZDF Neo, WDR

Also fast ohne Werbung... (ab & zu noch Tele 5, Nitro)

Davor waren womöglich Dinge zu meinem Schlaganfall

Durch mich, durch meine Eltern, durch den "Dreck"

Davor hatte ich meine Karriere, Leben, Jobs verpeilt

Danach habe, werde ich mein positives, starkes Leben

Aus "Dreck" wurde reines Leben, erwachsene Vernunft

Mein starker, klarer, freier, reiner Geist

Was immer dabei ist - mit davor und danach

Meine Gerechtigkeit, Emphatie, Treue, Diskussionen

Mein Stachel von meinem Sternzeichen Skorpion

Meine Schreib- und Fotokreativitäten

Und Miami Vice, Genesis, Pink Floyd, The Beatles, lach...

Körpervertrauen

Seelevertrauen

Geistvertrauen

MODERN TIMES, OLD TIMES C P 11.03.2024 Gerd Steinkoenig

Im Leben habe ich diverse Zeitzonen, Zeitgeister, Zeitoasen! Es sind wohl tatsächlich 7
Leben (Europa) oder 9 Leben (USA). OK, es sind Leben von Katzen, aber why not: das
können auch die Menschen - zumindest ich... Als ich 13 war, als ich 19 war, als ich 30 war,
als ich 42, 57, 64 war, waren/sind die diversesten Zeitdimensionen. Die Autos1973 oder
1978 oder 1986 waren individuell, man wusste, DAS ist der VW Käfer, DAS ist ein Opel
Manta, heute 2024 ist sehr viel Uniformierung - egal mit Autos, Musik, Lifestyle... Die
Jungen 2024 lachen über die 70er, 80er: ich hatte bei Youtube Kommentare gelesen wegen
einer 70er Musikladen-Sendung. Die Zuschauer saßen an den Tischen und die Kommentare
lachten: ach die waren noch schüchtern, sie durften nicht tanzen... Natürlich war das
Blödsinn, denn der Regisseur Mike Leckebusch wollte es so. Denn schon vorher im
Musikladen, schon in den 60ern beim Beat Club wurde getanzt! In den USA wurde auch in
den 50ern Musiksendungen getanzt. Warum ich das schreibe?! In einer 70er Deep Purple
Sendung wurde wild feel getanzt, es war egal, Hauptsache wild tanzen. Heute 2024 wieder
uniformiert! Und diese jungen Leute meinen tatsächlich, sie wären ja so fortschrittlich und
cool. Dabei war es aus MEINER Generation und noch vorher, das echter Fortschritt war mit
Experimenten, Idealismus, Free Love. Aus den 60ern, 70ern, 80ern waren
Musikrevolutionen, Moderevolutionen, Kunstrevolutionen, Gesellschaftsrevolutionen,
Frauenrevolutionen! Inklusiv Andy Warhol, Rudi Dutschke, Uschi Obermeier, Alice "Emma"
Schwarzer, Baader-Meinhof-Gruppe, JFK, Britisch Invasion 1964 (The Beatles in den USA),
Gleichberechtigung, Mitbestimmung in den Firmen, Wünsch Dir was-Show (Samstag 20:15h
ARD...) mit barbusige Brüste mit durchsichtigem Kleid (kann man 2024 prüde vergessen
wegen Wxxx - auch in den 70ern: die barbusige Brüste von Ingrid Steeger bei " Klimbim" in
der ARD...). Heute 2024 ist Uniformierung, Meinungsdiktatur, HardcoreMainstream! Wenn

man eine Meinung macht GEGEN den Mainstream, Wxxx, ist man verstoßen, aussätzig! In meinem Leben hab ich meinen eigenen Charakter mit Gerechtigkeit, Emphatie, Treue, der Stachel vom Sternzeichen Skorpion, Kreativität, Liebe. Egal ob 1977, 1987 oder 2007, 2017. Trotzdem hab ich eben 7 oder 9 Leben mit neuen Lebensgesetzten, denn ich kann ja nicht mehr so erzählen im Jahr 2024, wie damals in meiner Globetrotter-Tour 1986, mein Ewigjahr 1973 (da war alles dabei, hab noch mein Kalender-Tagebuch...), meine Bundeswehr-Zeit 1978/1979, meine Mannheier Zeiten 1981 bis 1984/85, mein Sommer 1976/2003/2005/2014, immer anders in meinen Zeitoasen und Zeitgeister - aber ich hatte die gleiche Linie! Jetzt 2024 mit Meinungsdiktatur und Co, plus Trump, Putin, Kriege, Propaganda, KI-Fotobetrug und und, ist Zeitenwende!! NWO? WWIII? Weltuniformierung? Es ist sureal: irgendwann sind die meisten Rechten in den Regierungen - trotzdem zB durch Youtube sind immer noch Ton Steine Scherben (Rio Reiser) oder der Film "Fahrenheit 451"...

MEINE HELDIN SOPHIE SCHOLL

"In wenigen Minuten sehen wir uns in der Ewigkeit wieder", sagt Probst. Sophie geht als Erste, ohne mit der Wimper zu zucken. Dann Hans, der auf dem Richtblock noch "Es lebe die Freiheit!" ruft und schließlich Christoph Probst. (22. Februar 1943)

(Geschwister Scholl: Erzogen zum Widerstand, 21.02.2013, www.spiegel.de)

Projekt Glaubensfragen

Der für die Vollstreckung der Todesstrafe von Sophie Scholl, Hans Scholl und Christoph Probst zuständige Staatsanwalt Walter Roemer war bis 1968 Ministerialdirektor und Leiter der Abteilung für öffentliches Recht des deutschen Bundesministeriums der Justiz, als oberste Bundesbehörde der Bundesrepublik Deutschland.

. .

IN EIGENER SACHE! Neue positive Entwicklungen, positive Fortschritte, Erkenntnisse, Souveränität, Strukturen, Selbstvertrauen, positive Energien, Selbstbewusstsein, Selbstbestimmung, immer noch natürlich Kreativitäten! Für Euch ein Running Gag, für mich ist es meine Selbstbefreiung: mit meinem letzten ISBN-Buch, mein 60. Buch!

In meinen Büchern waren immer wieder Chronologien, Momentums, Fortschritte, Lebenswege zu meinen Books von Januar 2017 bis Februar 2024 (durch die "Nachwehen"

März 2024). Ich hatte geschrieben über Mrs P (heute nur noch Erinnerungen), hatte über meine Queen S.K. aus dem Klinikum Alzey geschrieben (nun Erinnerungen), hatte immer wieder geschrieben von meinem Schlaganfall (Abt ISBN seit 2019) oder meine Holy Music von Genesis bis Pink Floyd bis Beatles von 2017 bis 2024. In diesen 60 ISBN-Büchern war es EIN Buch! Man braucht Zeit um in my books reinzutauchen. Ich erwischte mich schon, als ich in irgendeinem Book gelesen hatte und dachte, ach das Thema hab ich ja tatsächlich geschrieben... Ich müsste tatsächlich ein Zeitarchiv zu einem Kasten in einem gesicherten tiefen Boden für die Ewigkeit, bis die Erde in ca 4 bis 5 Milliarden Jahren zerfällt: mit meinen 60 ISBN-Büchern und meine no isbn Books - vielleicht noch mein Kalendertagebuch von 1973 und ein paar CDs wie The Dark Side Of The Moon (Pink Floyd 1973), and then there were three (Genesis 1978), One (The Beatles 1999), Untitled (Led Zeppelin 1971), Harvest (Neil Young 1972), Hounds Of Love (Kate Bush 1985), The Joshua Tree (U2, 1987)... Eine Zeitoase von Gerd Steinkoenig tief in der Erde von meinen Erinnerungen, Erlebnisse, Erfahrungen, Gefühle, Gedanken, Zeiten, Menschen, Musik, TV-Serien, Filme, Literatur, Lyrics, Fotos etc... Und natürlich über moi Katzemäädsche Molly R.I.P 2005-2021!

ABER DAS INTRESSIERT KEIN MENSCH!! Nur sehr wenige haben Interesse! Von facebook-Freundinnen (4 oder 5), meine 2 Betreuer:innen, ja, das war's... Ich hatte die Bücher FÜR MICH geschrieben, hatte aber später 2018/2019 Menschen beschenkt mit meinen Books von Betreuer:innen, Logo, Ergo, Betreueranwältin, desweiteren - einfach zum Kennenlernen! Damit die Profis aus der Psychologie/Medizin Bescheid wissen über mich, wie ich drauf bin. Aber das interessiert kein Mensch! Im sogenannten "Institut" verschenke ich das 60. und letztes Buch nicht! Wenn das "Institut" tatsächlich Interesse hat, dann bestellt bei #amazon etc... Das Gleiche auch bei meiner Betreuerrechtsanwältin plus "Engelchen" (kleiner "Insider", lach): wenn ihr tatsächlich Gerd's Blood lesen wollt, dann ab zu amazon! Apropo lesen: es gab und gibt Leute, das 2 Fotos gesehen wurde ohne lesen, oder ach ist das ein richtiges Buch oh das sind ja Fotos... Lesen ist ja anscheinend Zeitverschwendung über meine Lyrics, Feelings, Momentums. Im Endeffekt hatte ich hochgerechnet ca 350 Euro oder noch mehr verpulvert von 2018/19 bis 2024... Aber das interessiert kein Mensch! Ich bin eben ein Mensch in Dritter Klasse - aber mittlerweile lache ich, denn ich bin der Boss mit meinen positiven Energien! Im "Institut" ist gutes Niveau, aber von der Human Nature her, bin ich und womöglich alle anderen ein Depp! In der nächsten Woche hab ich mal wieder ein Gespräch mit meiner Nr1-Institut-Betreuerin, mal sehen, aber im Endeffekt...

Ich suche, überdenke, hoffe, agiere über meine Zukunft mit Minijob, Beschäftigungen, Tätigkeiten ohne "Institut". Es ist echt blöd: einerseits wirklich gutes Niveau, andererseits sind wirklich xxxx "Betreuer" und zB 2 Arxxxlöxxxxx von den "Insassen" (Ignoranz, abgehoben - und ich hab Etikette und sag doch wieder "Hallo"...).

Aus Gewohnheit ist gleich: oh, geiler Aufsatz, wäre gut für ein Buch! Aber da iss nix!! Endgültig!! In diesen 60 ISBN-Büchern hab ich meinen roten Faden. Außerdem: ich könnte bessere Fotos haben, da es immer schwsrz/weiß ist (natürlich Farbe beim Titelbild - und außer meinem 6. ISBN-Buch -Farbfotoband Music Was My First Love). Und außerdem: ich

hab schon wieder geile Fotos - aber ich brauch nicht 10 Fotobände, wo es nur S/W ist...
Dafür hab ich meine facebook-Fotoalben, Instagram, TikTok, YouTube - es ist schön aus
Ewigpapier mit Lyrics und Fotos, nun also modern times mit world wide web...

4 Fotos zu meinem Vorzeigebuch (mein last book) - die anderen Books im Schrank...

C P 9. März 2024 Gerd F Steinkoenig Gerd's Katze Molly hat ihre eigene Seite

HUMAN FUTURE

Natürlich nicht gleich OMG-Szenario, früher war auch tätärä: zB

Kuba-Krise, Kalter Krieg, Vietnam, Dessert Storm, Nahost etc etc...

Diesmal ist für mich Worst Case! Nicht nur ich - sogar meine

Betreuerin meinte: irgendwann in den nächsten Jahren...

Warum? Kein Respekt, zu viel Nationalismus, zu viel Macht!

Mit egoistischen Hirnen wie Trump (ich sags seit Jahren: er

wird der nächste US-Präsident - also wie's aussieht...), Putin,

Xi, die meisten EU-Staaten etc... Sie wollen sofort die

NEW WORLD ORDER!! Mittlerweile kaum Spielregeln!

Russland will die Ukraine, Baltikum, womöglich sogar die NATO.

Tja die USA - Trump wird ein Kumpel von Putin, denn

Trump ist geil mit Diktatoren. Er will selbst Diktator sein!

Also ruckzuck ist die Ukraine weg... Was hatte Trump gemeint?

Er bräuchte nur 24 Stunden und der Krieg ist vorbei...

Einfach nur eine Cheeseburger-Party von Trump und Putin...

Die VR China ist auch noch da! Xi will Taiwan!

Die EU ist bald allein, also hat die EU eigene Atomwaffen...

Vielleicht spinne ich und in ein paar Jahren kann ich lachen.

Aber in ein paar Jahren könnten 5 A-Bomben gefallen sein!

Die NWO?!? USA vs Russland/VR China vs EU...

C P 6. März 2024 Gerd Steinkoenig

LEBEN

Wie ein Theaterstück, Pralinenschachtel, Flaschen drehen!

Denn es wird meistens anders, als man denkt.

Je älter ich bin hab ich das gecheckt.

Im jungen Leben war ich spontaner drauf.

Wer hätte das je gedacht: meine Eltern und ich hatten gelacht,

denn Mutter hatte immer wieder irgendwelche Krankheiten,

und alle meinten, Mutter geht als Erstes...

Vater war natürlich kraftstrotzend und wird bestimmt über 90!

Wie sein Vater (mein Großvater), er wurde mit 91 in die Dimension!

Und werde natürlich auch Richtung 90 - hab ja diese Gene...

Was war? Vater verstarb mit 81 - weil er zu stur war...

Schließlich ist er der Boss: Ärzte? Was ist das...

Ich hatte 2017 Schlaganfall und war ein Glückskind!

Was mein Klinikarzt sagte... Natürlich Demut und Reinheit!

Und Mutter ist nun 85, in diesem Monat 86...

Sie hatte 4 Schlaganfälle, aber sie ist zäh...

Wer hätte das je gedacht?! Über das neue Verhältnis mit ihr.

Damals war sie eben Mutter und ich wollte Freiheit.

Mittlerweile ist sie immer noch DIE Mutter...

Aber wir sind vertrauter und wir helfen uns gegenseitig.

Mit Vater hab ich ab und zu immer noch Zwiegespräche.

Und ich freue mich über mein zweites Leben!

Ich bin nicht aus dem ersten Leben! Ich bin 100% positiv!

Ich hab neue positive Wege, neue Entwicklungen.

Ich hab Souveränität, Selbstvertrauen, Vernunft, Gelassenheit.

Im ersten Leben hab ich mein Leben versaut!

Karriere versaut, Jobs versaut, Freund:innen "versaut"...

Allerdings hatte ich natürlich gute Pläne und Ziele, zB mit dem

Job 1984, Job 1980, Job 2016/17 - Es ging nicht wegen

Schlechtmenschen... Natürlich hatte ich gute Zeiten "davor".

Aber ich hatte es eben immer wieder versaut (zB 1992, 1993).

Durch das Schicksal von Gott?! Es könnte sein!

Denn ich hatte meine beste Entscheidung getroffen, durch

den Umzug von KL nach Annweiler 2015! Womöglich meine

Lebensrettung... Wenn ich 2017 in KL Schlaganfall gehabt hätte:

Oh Gott! Ich hab mein Service mit meinen Betreuer:innen, Ruhe,

Idylle, Paradies... Da ist auch Tätärä, trotzdem ne Schönoase!

KL und Hinterpfalz ist für mich Totalnull!

Nie wieder mit diesen KL-"Freunden"!

Ich will mein zweites Leben genießen mit Lebensfreude.

Aber ich brauche für immer mein positives Gehirn.

Denn ich will keinen "schwarzen Tunnel", Blues etc durch den

Schlaganfall! Leider trotzdem...

Einer meiner Mantras: Kampf Mut Wille Disziplin!!

C P Gerd Steinkoenig 4. März 2024

Gerd's Katze Molly hat ihre eigene Seite

SPORT...

Ich will nicht jammern, weil ich alt bin! "Früher war viel besser.." Aber - wie auch bei der
Musik und den FernsehSerien - ist auch beim Sport: früher war mehr Lametta... Geld und
Profit regiert die Welt! Im Fußball ist Milliardengeschäft, zB die Champions League (früher
Europapokal der Landesmeister). Damals waren Feiertage, heute sind zig Spiele. Ab der
nächsten Saison sind nun 36 Teilnehmer in EINER Tabelle. Mit mehr Spiele. Kein Fairplay,
sondern Milliardenprofit. In der Bundesliga ist Tradition: kein 50 + 1, keine Miliarden-
Araber, keine US-Geschäftsleute. Trotzdem: VfL Wolfsburg (100 % VW), Red Bull Leipzig,
Bayer Leverkusen (im Momentum ist Leverkusen natürlich trotzdem super - 10 Punkte
Vorsprung zu den scheiß Bayern), TSG Hoffenheim (=SAP). Apropos FC Bayern: da sind zig
DAX-Unternehmen bei den Sponsoren, dh über ein Jahrzehnt hintereinander Deutscher
Meister... Sehr befremdlich für mich sind die Ultras (angeblich Fans). Sie machen, zündeln,
schreien was sie wollen mit rechtsfreiem Raum. Wegen dem Streit mit der DFL wurden
Tennisbälle geworfen, asoziale Plakate gezeigt, Spielabbrüche provoziert. Die Ultras meinen,
Fußball gehört nur den Ultras, obwohl Ultras eine Minderheit ist. Früher war das nicht, da
war noch Benimm, Anstand, da wurde nicht rumkrakelt.

Formel 1 hatte in den 50er, 60er, 70er Jahre viele Tote (Rennunfälle) - war natürlich
scheiße - aber es waren RENNFAHRER!! Da waren echte Legenden! Heute ist zZ ein Nr 1-
Rennstall, dementsprechend Fahrer-Weltmeister. Ob der Red Bull -Fahrer Verstappen
Weltmeister momentan ist - oder Müller, Maier, Lehmann: ist total egal!

Bei den Olympischen Spielen bin ich immer dabei - aus Gewohnheit. Denn früher war
tatsächlich mehr Lametta: mit Ehrlichkeit, Fair Play! Aber heute ist bei Olympia noch mehr
Politik (ok, früher auch, zB Boykottspiele 1980, 1984), aber Politik ist tatsächlich viel mehr:
Russland, VR China! Und die Umweltzerstörungen durch die Olympischen Spiele. Es sollte
weiterhin sein, wegen der Weltgemeinschaft, Aber effiziente Städtevergaben ohne Politik,
weniger Profit, keine Umweltzerstörung!

Wenigstens aus meinen Erinnerungen meine Sport-Highlights:

1 FCK vs Bayern 7:4 (Fußball-Bundesliga 1973)

2 FCK vs Real Madrid 5:0 (Fußball-UEFA-Cup 1982)

3 Fußball-WM 1970 (meine beste WM ever)

4 Ali vs Foreman (Rumble in the Jungle, Boxen 1974)

5 Olympische Spiele 1972 in München (bis der Terror kam...)

6 Olympia-Finale 1980 Sensationssieg USA vs UdSSR im Eishockey

7 Diverse Formel 1-Rennen mit Michael Schumacher

8 Diverse Tennis-Games mit Steffi Graf, Boris Becker

9 Fußball-WM-Finale 1974 BRD vs Niederlande 2:1

10 Fußball-EM-Sieger 2004 Griechenland (Sensation)

C P Gerd Steinkoenig 3. März 2024

VON MODERN TIMES AND OLD TIMES! MUSIK, SERIEN, FXCK STREAMING!

"Kojak" (1970er) oder "Miami Vice" (1980er) war der heißeste Scheiß! Die jungen Leute lachen über diese uralten, komischen Serien von Kojak, Miami Vice. In 40 oder 50 Jahren lachen die jungen Leute über die 2020er Serien (da waren damals 2024 tatsächlich noch diese uralten Fernseher von komischen Sendern wie ZDF oder SAT1).

In den 1970ern war innovative Musik wie Progrock/Artrock wie Genesis, Pink Floyd, Led Zeppelin, Yes etc. Oder Hardrock oder Disco oder Soul oder Reaggae oder Punk oder Country etc. Sogar Chartpop war gut (Sweet, Abba, Smokie, Rubettes etc). Da waren im TV zig Musiksendungen in ARD und ZDF, zB Musikladen, Disco, ZDF-Hitparade, Rockpop, Rockpalast etc. (von Abba bis Peter Gabriel bis Rolling Stones bis Deep Purple bis Boney M...). 2024 (und schon seit Jahren) ist Musik nur noch Wegwerfware! Durch Streaming! Streaming Killed The Musicstar!

Durch Streaming wird zu sehr differenziert. Viele Serien, Filme kenn ich gar nicht. Denn ich hab kein Netflix und/oder Sky und/oder DAZN und/oder Paramount + etc etc... OK! Ich hab amazon Prime- und hab Magenta TV (auch "nur" weil aus meinem Entertain Magenta wurde ohne Aufpreis). "Babylon Berlin" hätte ich gar nicht sehen können, ging nur weil die ARD Co-Produzent war (eigentlich: Sky, 2 Jahre später ARD). Das ist nur eine Ausnahme. Und Brotkrumen wie Star Trek - Discovery von Tele 5. Ich wsr totaler Fan von Doctor Who. War bei ONE - aufeinmal weg wegen Streaming...

"Was ist ein Album?? Ich hab doch Sportify!" Und ein geiler Song ist nach 8 Tagen wieder out. Denn die jungen Leute haben keine Zeit. Mit uniformierten 3 Minuten-Songs. 1972 war von Genesis ein 26 Minuten-Epos namens "Supper's Ready". Könnte man heute vergessen! Schon bei David Bowie 2016 hatte er seinen "Black Star"-Song auf 10 Minuten gekürzt - weil Sportify "nur bis 10 Minuten-Songs" haben.

Natürlich bin ich modern times! Ganz klar! Sonst könnte ich jetzt gerade gar nicht schreiben. Und ich durfte viele self publishing-Bücher (#BoD)schreiben und veröffentlichen. Und hab amazon Prime, lach... Und hab old times bei Musik, History, Serien etc bei Youtube. Und kann meine Fotos zelebrieren bei facebook, Instagram, TikTok etc. Aber ich will eine neue Version, damit viele Leute das & das sehen können. Oder können nur die Reichen 10 Streamingdienste zahlen und sehen...

C P 2. März 2024 Gerd Steinkoenig

GEDANKEN IM GEHIRN DES AUTORS

Diverse Mantras wie Kampf Mut Wille Disziplin

Reinheit Gelassenheit Gesundheit für immer

Sonniges Gemüt vs Blues

Zu viel gedacht im dunklen Tunnel

Ich hab immer Pläne und Ziele mit Träumen

Und natürlich bin ich oft gegen die Windräder

Ist ja positiv, GEGEN die Windräder

Gegen den Staatsmainstream, für meine Freiheit

Mitten im Leben leben, zu oft außen vor

Das Buch heißt

Gerd's BLOOD, Gerd's SOUL, Gerd's BOOK

Daher meine Privatgedanken

Nicht nur Genesis, Miami Vice, Jodie Foster

Nicht nur Pearl S Buck, Der Spiegel, Eclipsed

Nicht nur Erinnerungen, Erlebnisse, Zeitoasen

Sondern eine Reise aus meinem eigenen Gehirn

Mitten im Leben , zu oft außen vor

Ich hab immer versucht, es in Worten zu fassen

Aus meinen 60 ISBN-Büchern

Mit Lebensphilosophien, Schlaganfall-Trauma

Aber ich dachte/denke es in meinen Synapsen

Aber wie soll ich es schreiben für die Leser:innen

Im "Institut" ist pro und contra

Es sind wirklich gute Leute da, Gespräche, Spiele

Einerseits geh ich nur ins "Institut" für Kurzweil

Andererseits bräuchte ich endlich meine Ziele

Minijob mit "Normalen", Wohnungsrestauration

Zwischendrin aufeinmal: es wird mir zuviel

Früher locker 4 Stunden nonstop gearbeitet

Heute ist es so, das ich nach 20 Minuten schapp bin

Ist ok durch den damaligen Schlaganfall

Ich brauch mehr Power, mehr Motivation

Tag X ist alles super, Tag Y "fall ich gleich um"

Natürlich hab ich weiterhin positive Energien

Positive Fortschritte, positive Entwicklungen

Meine Souveränität, mein Selbstvertrauen

Daher viel weniger: ich "fall gleich um"

Trotzdem zu viel gedacht, dunkler Tunnel

Ich bin allein, bin doch jeden Tag bei meinen Leuten

Mitten im Leben, zu oft außen vor

Ich babbele wie "vor" dem Schlaganfall

Denn ich bin ein Pfälzer Krischer

Aber "danach" ist man geistig behindert

Was natürlich Blödsinn ist (hihi, Wortspiel)

Ich schreibe mein 60. ISBN-Buch (plus no isbn Books)

Ich bin selbständig, flexibel, über den Horizont

Natürlich bin ich gegen den Staatsmainstream

Mit 64 Jahren hab ich neue Erziehung (ok, nur Zynismus)

Und ich hab ja sehr gute Betreuer

Aber der Eine ist bald weg, mal wieder was Neues

Ich brauche Leute mit langer Zeit, am Besten eine Frau

Daran denke ich gar nicht, einfach nur Schicksal

Eine Frau ist tatsächlich noch bei mir - aber wann

Wir haben die gleiche Chemie, aber wann sehen wir uns

Vielleicht im Sommer - da ist ihr Lieblings-Cafe

Jetzt schreib ich mich mal wieder in positive Vibrations

Und dann mach ich und dann wieder wäh

Ich geh im Kreislauf ins Nirgendwo, das will ich nicht

Ich will meine positive Zukunft mit Lebenssonne

Ich hoffe, irgendwer (zB vom "Institut...") hats gelesen

Kampf Mut Wille Disziplin!!

C P 25. Februar 2024 Gerd Steinkoenig

Gerd's Katze Molly hat ihre eigene Seite

Fort Landau 27.02.2024

Mein Leben?!

Collagen "GERD's LIFE" (März 2024)

MOI KATZEMÄÄDSCHE MOLLY 2005 - 2021

Über die Katz

Zum Fressen geboren, zum Kraulen bestellt;

in Schlummer verloren – gefällt mir die Welt.

Ich schnurr' auf dem Schoße, ich ruhe im Bett;

in lieblicher Pose – ob schlank oder fett.

So gelte ich allen als göttliches Tier –

sie stammeln und lallen und huldigen mir.

Liebkosen mir glücklich den Bauch, Öhrchen und Tatz,

und ich wählte es wieder – das Leben der Katz.

Johann Wolfgang von Goethe

ALEXANDER HAST UND ICH PER MESSENGER

Du kennst noch gute Musik. Die Scorpions habe ich damals durch Dich kennengelernt. Mit allem hast Du recht. Vor allem, um mit Asterix zu sprechen: die spinnen, die Trumper...

06.02.2024, 10:49

Du hast Folgendes gesendet:

Die Scorpions "Lovedrive", frühmorgens nach dem US-Club (zig Cola-Whisky durch Olympiasieg USA im Eishockey), kommt Dein kleiner Bruder und dreht auf (ein paar Zentimeter lag ich neben den Boxen).... Du hast natürlich recht, die spinnen die Trumper!!

07.02.2024, 20:18

Fr, 00:41

Alexander Hast

Schöner Song. Klar kenne ich den. Und ich hoffe, dass Agent Orange die Wahl verliert, dass es kracht. Dann sieht die Welt wieder anders aus.

Fr, 09:20

Du hast Folgendes gesendet:

Wäre ja super!! Übrigens: We're All Alone hatte ich von Dir bei unseren damaligen "Songvorstellungen". Oder Firefall!! Ich hatte eine LP gekauft...

FOTO-REICH BEI FACEBOOK (MINIAUSSCHNITT)

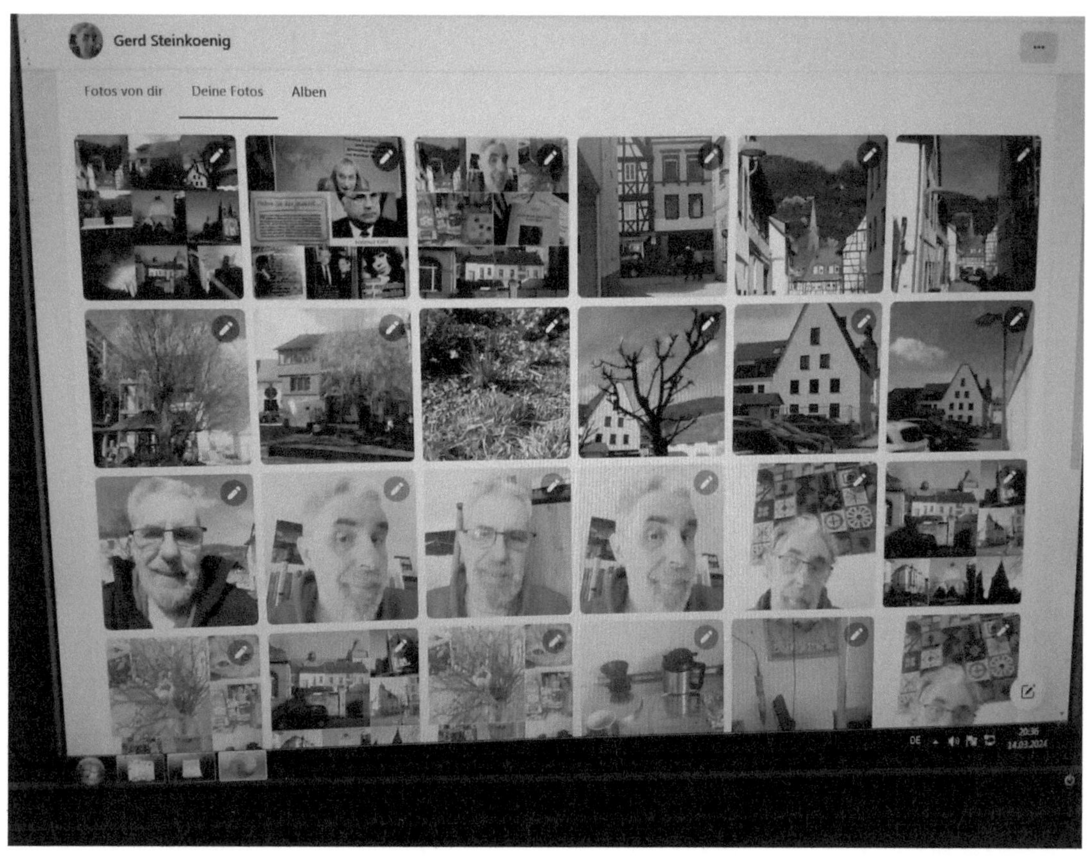

FOTO-REICH BEI INSTAGRAM (MINIAUSSCHNITT)

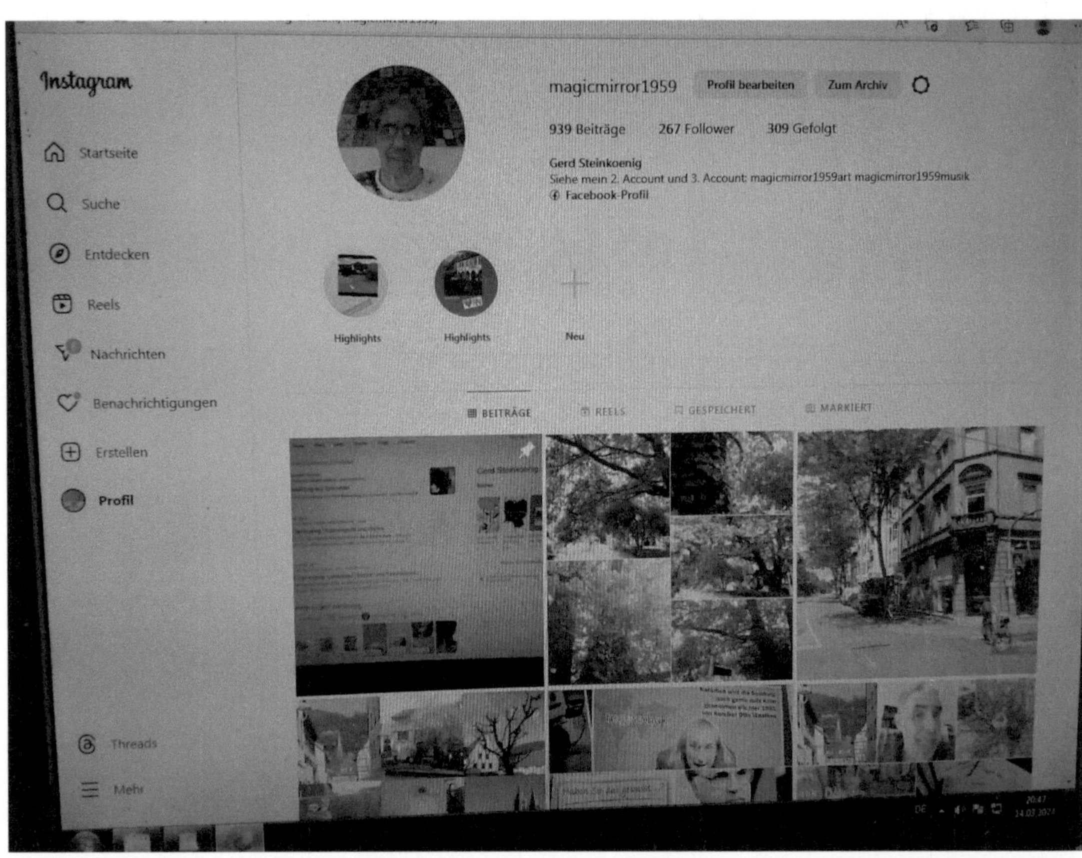

Instagram
Startseite
Suche
Entdecken
Reels
Nachrichten
Benachrichtigungen
Erstellen
Profil
Threads
Mehr
magicmirror1959
Profil bearbeiten
Zum Archiv
939 Beiträge   267 Follower   309 Gefolgt
Gerd Steinkoenig
Siehe mein 2. Account und 3. Account: magicmirror1959art magicmirror1959musik
Facebook-Profil
Highlights
Highlights
Neu
BEITRÄGE   REELS   GESPEICHERT   MARKIERT
DE   14.03.2024

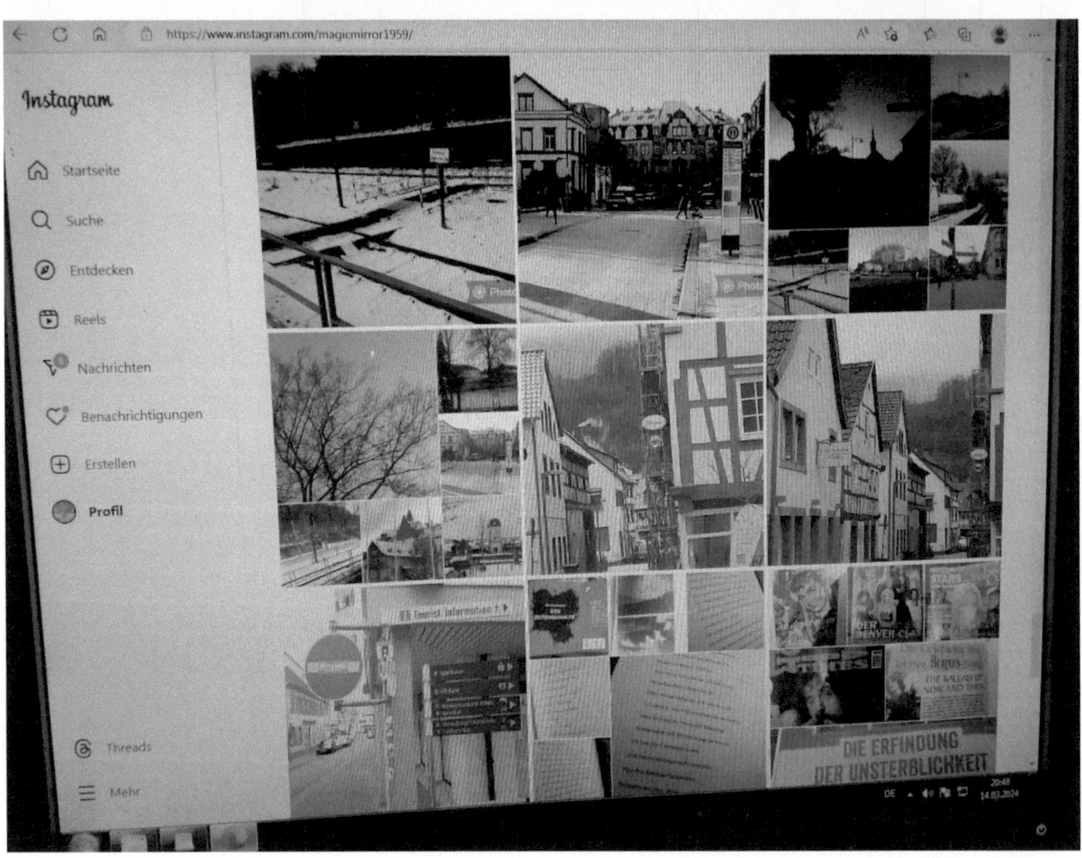

https://www.instagram.com/magicmirror1959/
Instagram
Startseite
Suche
Entdecken
Reels
Nachrichten
Benachrichtigungen
Erstellen
Profil
Threads
Mehr
Tourist-Information
DIE ERFINDUNG
DER UNSTERBLICHKEIT
DE   14.03.2024

FOTO ÄÄH VIDEO-REICH YOU TUBE (MINIAUSSCHNITT)

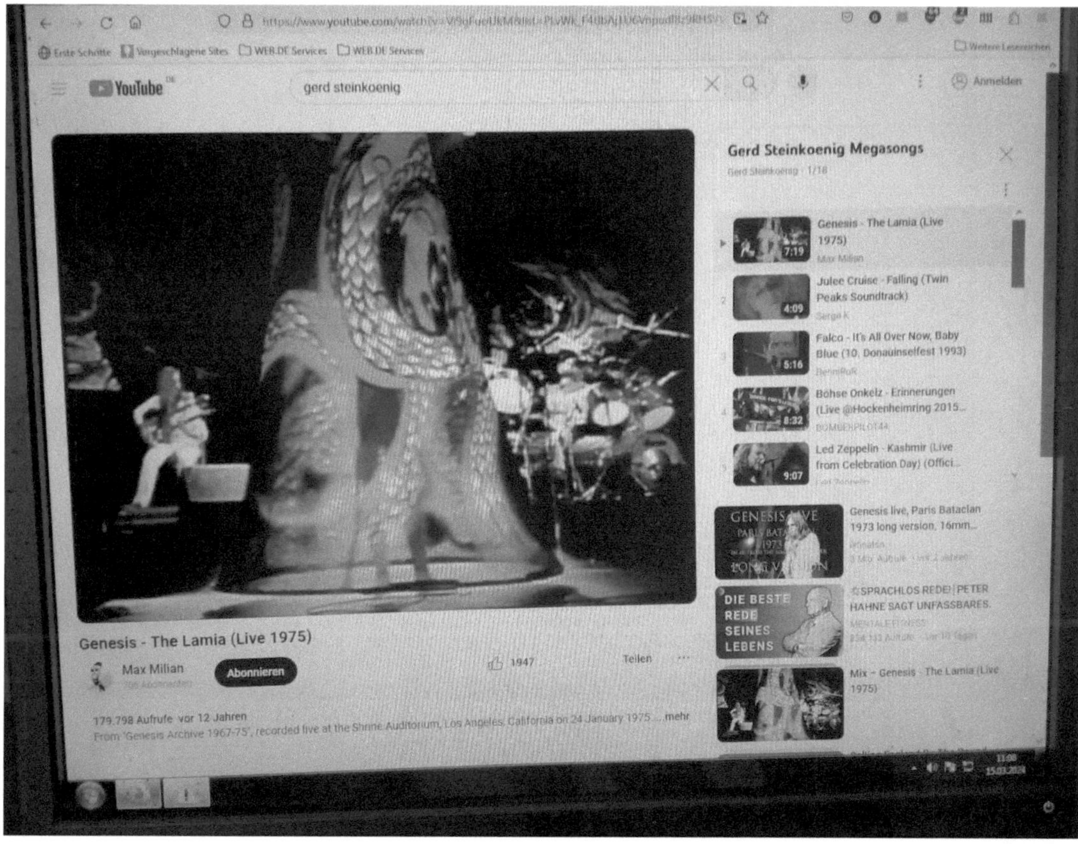

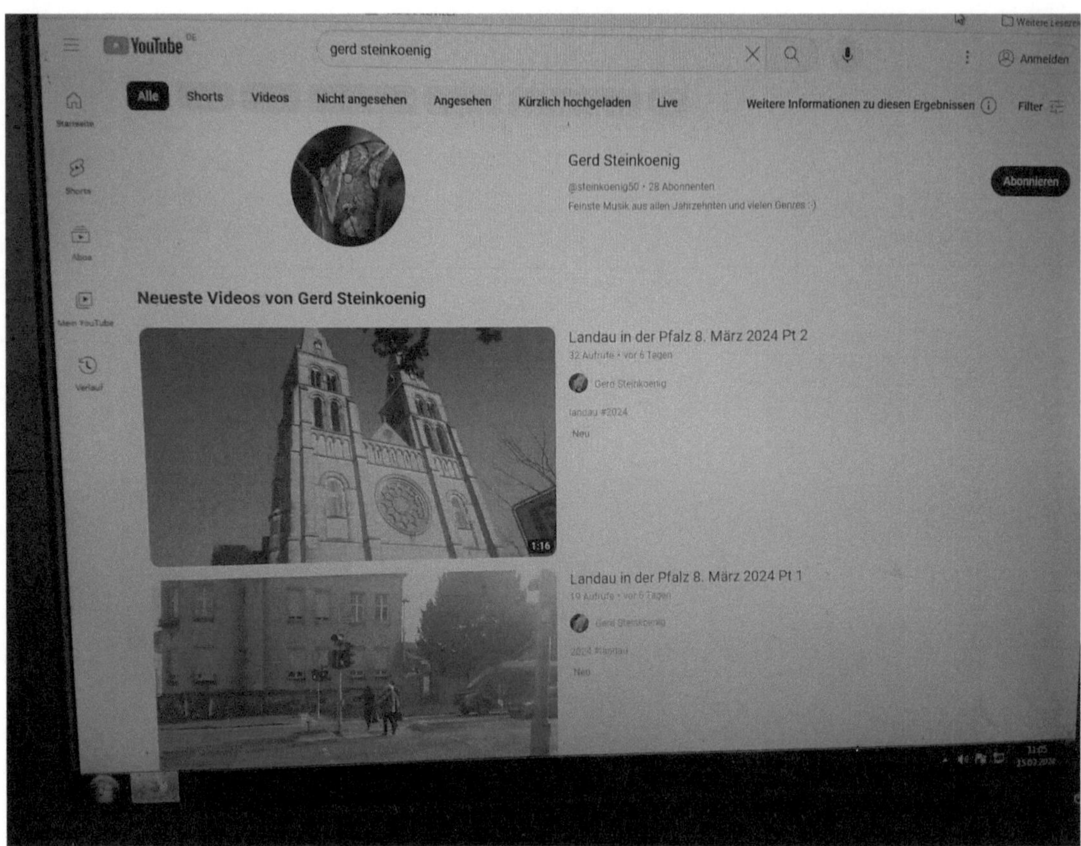

Danke nach 61 ISBN-Büchern an Books on Demand (Frau Munoz), Guiseppa Aquillino, meine Eltern, Stefan Renner, Romina Kopf, Stefan Pätz, Mrs P, meine Betreueranwältin plus Engelchen, Alexander Hast, my legendary Logo, mein Ergo and many more!!

ALLE 61 ISBN-BÜCHER plus diverse no isbn Books IST EINS!! My Life In Books!!

Annweiler am Trifels, 15. März 2024

© Gerd Steinkoenig